ExLibris

_____

_____

ISBN 3-8157-3454-1
© 2004 der deutschsprachigen Ausgabe
Coppenrath Verlag, Münster
Aus dem Chinesischen von Beate Geist und Andreas Wistoff
Alle Rechte vorbehalten

Die Originalausgabe erschien unter dem Titel
„Ting Jimi Changge" [„Look Where Jimmy's Heart Goes"]
bei Grimm Press, Taiwan
Written & copyright © Jimmy Liao
This edition is published in association with Grimm Press Ltd., Taiwan

Printed in Italy
www.coppenrath.de

Jimmy Liao

So oder so ist das Leben

COPPENRATH

Der Wunsch eines Müßiggängers

Musst du immer weitergehen? Kannst du nicht mal ausruhen?
So wie ich, ab und zu lange schlafen, ab und zu vor dich hin träumen,
ab und zu einen Fehler machen, ab und zu schlechte Laune haben,
dich ab und zu daneben benehmen …
Musst du wirklich so unaufhaltsam vorwärts gehen,
dass wir alle ganz erschöpft immer älter werden?

Nach den Sternen greifen

Der Stern, den man nicht fassen kann, leuchtet immer am hellsten.
Der Fisch, der einem entgleitet, ist immer der hübscheste.
Der Film, den man verpasst hat, ist immer der schönste.
Der Geliebte, der einen verlassen hat, versteht einen immer am besten.
Ich habe nie begriffen, warum das so ist.

Oben und unten

Manche steigen nach oben,
andere sinken nach unten.
Der Blick von oben hinunter
und der Blick von unten hinauf
wird niemals der gleiche sein.
Keiner beneide den anderen!

An der U-Bahn auf einen rosaroten Elefanten treffen

Der späte Rückweg um Mitternacht.
Mir wurde von einem rosarot gepunkteten Elefanten
der Eingang zur U-Bahn versperrt.
Der letzte Zug
fuhr geräuschlos davon.
In der Luft lag der süße Duft der Absurdität.

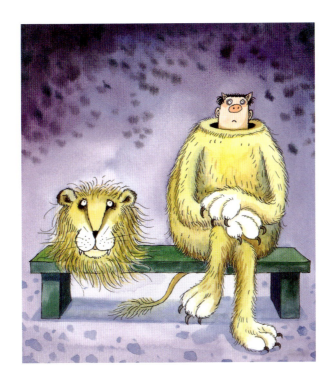

Entlarvung

Ein Samstagmorgen. Ich merke plötzlich, wie erschöpft ich bin.
Sitze auf einer Steinbank im Park und beschließe
den lange getragenen Helm abzunehmen.
Vieles hat keinen Grund. Ich atme frei, bin aber beunruhigt.
Ich denke lange nach: Soll ich das Fell ausziehen?
Oder setze ich den imposanten Helm wieder auf?

Schaukel des Glücks

Wie gern möchte ich im Wald schaukeln,
aber ich habe Angst, hinunterzufallen und mir die Beine zu brechen,
habe Angst, die tief schlafenden Kobolde zu stören,
habe Angst, den großen wilden Wolf oder den Bergtiger aufzuwecken.
Ich will nur reglos auf der Schaukel stehn,
reglos auf der Schaukel stehn, reglos auf der Schaukel stehn
und das Glück des Augenblicks genießen.

Magisches Fenster

Einen Baum mit kleinen lila Blüten pflanzen,
der das kleine Fenster, aus dem man in die Landschaft blickt,
umrahmt.
Blauer Himmel, grüne Wiese,
silbergraue Hasen, weiße Wand.
Jeder, der an diesem Fenster steht, ist schön.

Ein Abend nach Dienstschluss

Gegen Abend, nach dem Taifun –
die Straßen werden zu einem Fluss.

Ich treibe zwischen den im Wasser schwankenden Hochhäusern.
Zufällig begegne ich dem schlecht gelaunten Geschäftsführer,
der gerade angestrengt seinen BMW sucht.

Ich pfeife ein Liedchen,
lasse mich treiben,
der Mond geht auf.

Liebeserklärung einer dicken Katze

Lieber Vogelbesitzer,

bitte glauben Sie mir, ich bin eine Katze, die die Vögel liebevoll umsorgt. Mir gefallen ihre hübschen Federn, ich bewundere ihre elegante Haltung. Der Gesang Ihres Vögelchens betört mich und seine Bewegungen ergreifen mich. Seinetwegen kann ich schon seit mehreren Nächten nicht mehr schlafen. Bitte lassen Sie es frei! Ich versichere, ich werde mich bestimmt gut um es kümmern. Mit besten Wünschen, eine Katze, die Vögel liebt.

PS: Bitte hängen Sie den Vogelkäfig nicht zu hoch, ich leide unter Höhenangst.

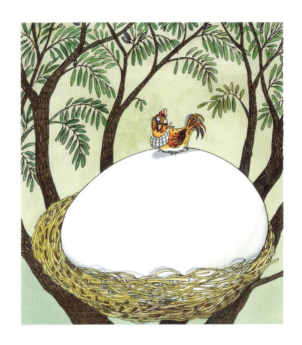

Beglückende Aufgabe

Lach nur!
Manchmal lache ich ja selbst über mich.
Doch wenn du dir eine eigene Lebensaufgabe geschaffen hast,
ist alles anders:
Noch so törichte Dinge wirst du mit größtem Vergnügen tun.
Lach nur! Du kannst das nicht verstehen!

Wo man sich auch befindet

Beim Pyramidenbilden – an welchem Platz stehst du am liebsten?
Ganz oben? Da kann man herunterfallen und sich schrecklich wehtun.
Ganz unten? Da kann es so schwer werden, dass man es nicht aushält.
In der Mitte? Das wiederum scheint nicht reizvoll genug.
Beim Pyramidenbilden bin ich unzufrieden, egal welchen Platz ich gewählt habe.

Dilemma

Ich freue mich an diesem
grün umrankten Steinhäuschen.
Falter, Zikaden, Bienen, kleine Schwalben
kommen täglich zu Besuch.

Ich fürchte mich vor diesem
grün umrankten Steinhäuschen.
Raupen, Kakerlaken, Grillen, schwarze Krähen
kommen täglich zu Besuch.

Wenn man wie ein Vogel
hoch am Himmel fliegen möchte,

                braucht man Vogelfedern,

                              Vogelflügel

                                          und einen Vogelschwanz.

Außerdem noch dünne Vogelbeine
und einen spitzen Vogelschnabel.

Man muss die Flügel ausbreiten
und fleißig üben zu kreisen.

Das Wichtigste aber ist,
man braucht unbedingt
einen Vogelpapa
und eine Vogelmama.

Mondblume

Ich bin
eine Mondblume,
ängstige mich
vor dem Sonnenlicht.
Immer wenn ich
den Kopf recken,
mich aufrichten
und zur Sonne
wenden sollte,
neige ich mich,
senke den Kopf und
verstecke mich.
Erst wenn
der sanfte Mond
am Himmel scheint,
erblühe ich
mit ganzer Kraft.

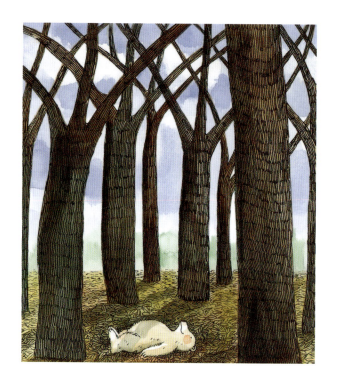

Winternachmittage

Nur an Wintertagen, wenn alles Laub abgefallen ist,
kann man auf den weichen Blättern liegen,
kann ein großes Stück blauen Himmel und weiße Wolken sehen
und einen Nachmittag ohne den Lärm der Zikaden und Hummeln verbringen.
In der Sonne liegen,
vor sich hin träumen.

Glaub es oder glaub es nicht

Niemand hätte das für möglich gehalten!
Dass ein Luftballon mit einem Schwein darin zum Himmel schweben kann,
glaubten nicht einmal die Schweine selbst.
Erst als sie einen lauten Knall hörten, weil der Luftballon zerplatzt war,
das Schweinchen von hoch oben herunterfiel und sich ein Bein brach,
erst dann glaubten es alle und waren vergnügt.

Geheimnisvolle Grenzlinie

Die Welt des Clowns ist immer gegensätzlich:
Eine Hälfte ist Licht, eine Hälfte ist Schatten,
eine Hälfte ist Freude, eine Hälfte ist Trauer.
Ich wüsste zu gern,
was es mit dieser geheimnisvollen Grenzlinie
auf sich hat.

Der Supermagier

Ich kann Löwen, Krokodile und Elefanten herbeizaubern,
Luftballons, Spielsachen und Bonbons.
Ich kann dich in drei Teile zersägen, dir Kopf und Hände abtrennen,
kann dich hypnotisieren und in der Luft schweben lassen.
Ich bin ein Weltspitzensupermagier.
Nur, bitte, sag mir erst: Welcher ist mein richtiger Zauberhut?

Eine seltsame Reise

Ich will dich auf eine Reise mitnehmen, sagte der kleine Vogel,
packte meinen Kopf und flog davon.
Mein Körper rannte hinterher
und erst, als wir die Welt einmal ganz umrundet hatten,
fanden Kopf und Körper wieder zusammen.
Ich hole tief Luft. Ich bin nicht sicher, ob das wirklich eine Reise war.

Das Gewicht eines Blickes

Die Sache mit der Last
können nicht einmal die Ärzte erklären.
Manchmal kann man eine Menge ertragen,
manchmal fast gar nichts.

Ob du die Last spürst,
hat nichts zu tun mit Größe, Gewicht und Zeit,
sondern mit deinem verwunderten Blick
und deinem geheimnisvollen Lächeln.

Ich habe keine Angst,

den Elefanten zu umarmen …

… den Löwen …

… den kleinen Hasen …

… das Krokodil …

… das Zebra …

… den Pinguin …

 … den Braunbär …

 … den Tiger …

 … den Python …

… und nicht einmal das gefährliche Ungeheuer.

Aber dich wage ich kaum

von der Seite anzublicken.

Warten

Nacht mit fahlem Mondlicht.
Ich klettere auf einen hohen Baum,
im Wald ist es ganz still.
Ich möchte am liebsten auf dem Baum sitzen bleiben
und abwarten,
bis die unreifen grünen Früchte leuchtend rot werden.

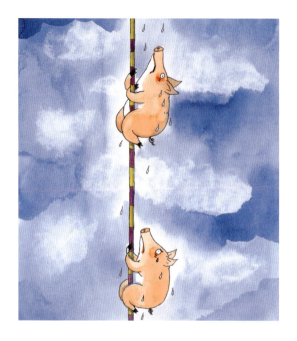

Rhapsodie im Fitness-Studio

Schwein, du Schwein, ich weiß, du willst dich nicht anstrengen!
Gern fressen, aber ungern arbeiten! Was du auch tust, du bist ein Verlierer.
Du kannst gar nichts außer fressen, fressen, fressen, dich dick und fett fressen.
Schweinekopf, Schweinehirn, faules Schwein!
Na gut. Gib's auf. Es ist aussichtslos. Ich hab dich schon lange durchschaut.
Komm runter! Ist doch egal!
Ich weiß es schon lange, ein Schwein ist eben ein Schwein …

(Zurufe eines ungehobelten Trainers im Schweine-Fitness-Studio)

Ich komme von einem fernen Ort

Ich stehe auf einer Wolke, komme von einem fernen Ort.
Unterwegs stürmte es, es regnete stark, es gab fürchterliche Blitze
und schrecklichen Donner.
Natürlich gab es auch die schöne Abendsonne,
den hellen, klaren Mond und leuchtende Sterne.
Meine Wolke und ich sind müde.
Ich stehe auf einer Wolke, komme von einem fernen Ort. Und du?

Sanfte Lichtstrahlen

Wenn du so ein kleines Goldkind hast,
gleicht es nicht
jeden Abend,
wenn es langsam einschläft,
den allmählich am Himmel erscheinenden Sternen
und leuchtet sanft?

Wenn du so ein kleines Goldkind hast,
gleicht es nicht
jeden Morgen,
wenn es langsam aufwacht,
der allmählich im Meer aufgehenden Sonne
und leuchtet warm?

Ich habe so ein kleines Goldkind,
es ist wie die Sterne, wie die Sonne.

Glück

Tagelang strömender Regen hat die Obstwiese überflutet.
Die köstlichen Früchte sind mühelos erreichbar,
die Schweinchen fangen vor Freude an laut zu quieken.
Sie planschen im Wasser und essen die Früchte.
Auf solch ein Leben haben sie schon lange gewartet!

Mamas Umarmung

Mama Hase nahm mich den Berg hinauf um mir die Wolken zu zeigen
und sie nahm mich den Berg hinunter um mir das Meer zu zeigen.
Doch die weißen Wolken und das weite Meer
habe ich längst vergessen, ich erinnere mich nur
an die warme, sanfte Umarmung von Mama Hase …

Bitte sing ein Lied für mich

Alle Blätter sind abgefallen. Kleiner Vogel auf dem kahlen Ast,
hab doch noch keine Eile, in den Süden zu fliegen.
Vielleicht könntest du vorher ein Lied für mich singen,
damit ich in diesem Winter etwas Wärme spüre.

Ein Kinderbett am Himmel

Ich träumte von einem Kinderbett, das in die Luft aufstieg
und ruhig am Himmel über der Stadt schwebte.
Eilige, unaufmerksame Passanten –
keiner hat den Kopf gehoben und es bemerkt,
bis ein Regentropfen vom Himmel fiel.

Ein Kaktus auf der Eisscholle

Auf einer Eisscholle wächst ein Kaktus mit einer hübschen gelben Blüte.

Auf einer Eisscholle wächst ein Kaktus mit einer hübschen gelben Blüte.

Auf einer Eisscholle wächst ein Kaktus mit einer hübschen gelben Blüte.

Auf einer Eisscholle wächst ein Kaktus mit einer hübschen gelben Blüte.

Auf einer Eisscholle wächst ein Kaktus mit einer hübschen gelben Blüte.

_____ Einsamkeit kann einen wahnsinnig machen.

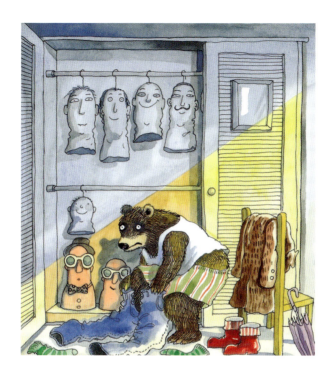

Mühseliges Leben

Alle sagen, ein guter Mensch zu sein ist sehr anstrengend. Das finde ich auch.
Man muss eine Perücke, eine Maske, eine Brille und ein Lächeln aufsetzen,
eine Unterhose und eine Hose anziehen und einen Gürtel umschnallen,
Strümpfe und Schuhe anziehen und die Schnürsenkel binden.
Tag für Tag muss man das machen, bis man eingeht ins Paradies.

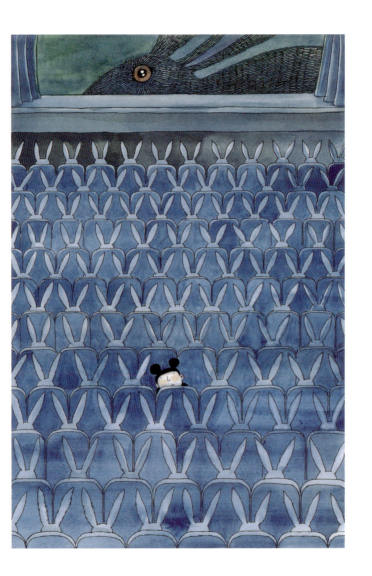

Der Projektionsraum der Einsamkeit

Sah einen Film, den ich nicht verstand.
Blickte umher
und bemerkte, die anderen waren fasziniert.
Da wurde mir plötzlich klar,
was Einsamkeit ist.

Lieber soll mich …

eine Schlange beißen …　eine Biene stechen …　ein Elefant niedertrampeln …　ein Schwein umrennen ..

ein Nashorn durchbohren …   ein Zebra treten …   ein Bär erdrücken …   als deine Hand mich auch nur leicht berühren.

Fänger in der Mondnacht

Kein Wind weht,
kein Grashalm bewegt sich,
kein Insekt zirpt,
kein Vogel ruft.
Ich warte gespannt auf den Abend,
an dem der Mond herunterfällt.

Verwandlung

An einem verregneten Nachmittag im Frühling verkleide ich mich als Hund,
unser Hund verkleidet sich als Mensch und wir gehen zusammen im Park spazieren.
Vieles ist nicht zu ändern. Egal, ob man Mensch ist oder Hund.
Ob man ein Hund ist, der sich als Mensch verkleidet hat,
oder ein Mensch, der sich als Hund verkleidet hat –
bestimmten Gewohnheiten bleibt man hilflos ausgeliefert.

Börsensyndrom

An jenem Nachmittag, als die Aktienkurse ins Bodenlose stürzten,
spürte ich auf meinem Rücken ein Stechen.
Als ich die Dividende erhielt, wurde ich zu einem Igel.
Daran ist nichts mehr zu ändern.
Ich schlendere lange auf der Straße hin und her
und beschließe in den Wald auszuwandern.

Riesenapfel

Anfangs war da nur eine recht große rosa Blüte,
dann kam eine seltsame Biene angeflogen,
danach gab es einen eigenartigen Fruchtstand.
Keiner hat gedacht, dass es sich so entwickeln würde.
Entstehen die Schrecken dieser Welt
nicht alle so allmählich?

Sicherer Zufluchtsort

In dem Augenblick, als ich in das Spinnennetz fiel,
atmete ich auf und lachte aus vollem Herzen.
Ich hörte mich selbst sagen:
Gratuliere! Jetzt musst du nie mehr Angst haben,
du könntest in ein Spinnennetz fallen!

Lulus Unterricht

Lulu kann nicht schwimmen, kann nicht fliegen, und ihre Ente auch nicht.
Lulu und die kleine Ente gehen jeden Tag an den See und schauen zu,
wie die anderen schwimmen, wie die anderen fliegen.
Auch so sind die beiden sehr glücklich.

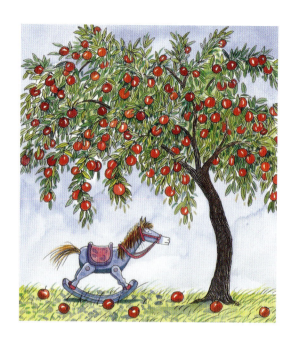

Kleines, kleines Schaukelpferd

Der Apfelbaum blüht, der Apfelbaum trägt Früchte;
leuchtend rote Früchte wiegen sich im Wind.
Das kleine Pferd, das unter dem Baum Wache hält,
warum hebt es nicht den Kopf und schaut sich das an?
Die Äpfel fallen auf den Boden, verfaulen allmählich;
die Blätter welken, der Wind weht sie herunter.
Das kleine Pferd, das unter dem Baum Wache hält,
warum senkt es nicht den Kopf und schaut sich das an?

Märchenwald

Ist das ein kleiner Bär, der auf seinem Holzpferd
schaukelnd aus dem Wald auf mich zugeritten kommt?
O nein!
Das ist der Prinz aus meinen Träumen, der auf seinem Schimmel
Schritt für Schritt in mein glückliches Leben tritt.